Friedrich Schöner

Mit der Nadel gemalt

Friedrich Schöner

Mit der Nadel gemalt

Zauberhafte Buntstickereien

Vogtland-Verlag

Vogtland-Verlag
ISBN 3-928828-17-7
BuchVerlag für die Frau
ISBN 3-89798-004-5

Goethestraße 28, 08547 Plauen-Jößnitz
Tel. 03741/521241, Fax 03741/521255
Gesamtgestaltung: Lore Jacobi, Jesewitz
Gesamtherstellung:
Süddruck Neumann KG Plauen
Printed in Germany

Inhalt

Vorwort 6
Zum Wesen der Stickkunst 8
Grundbegriffe 9
Die Stickarten 11
Gestalten mit der Nadel 12

Einfache Sticharten 14

Der Webstich 14
Der Steppstich 15
Der Spannstich 18
Der gleichseitige Sternstich 20
Der einseitige Sternstich 22
Der Kelimstich 24
Der Gobelinstich 26
Der Plattstich 28
Der einfache Plattstich 28
Der romanische Stich 30
Der Flachstich 32
Die Sprengtechnik 34

Sticharten mit Fadenkreuzungen 36

Der Kreuzstich 36
Der Kreuznahtstich 38
Der Schattenstich 40
Der Bilderstich 42
Der Renaissancestich 46

Sticharten mit Schlaufen 50

Der Lockerstich 50
Der Kettenstich 52
Der Margeritenstich 54

Sticharten mit Schlingen 56

Der Festonstich 56
Der Knotenstich 58

Sticharten mit Einflechtungen 60

Der orientalische Flechtstich 60

Vorwort

Textilbücher gibt es in großer Zahl. Doch nur wenige von ihnen wenden sich ausführlich der Stickkunst zu. Eigentlich bietet nur ein einziges Werk solides Grundwissen über die Sticktechniken von Hand: „Beyers Lehrbuch der weiblichen Handarbeiten" Band 2, verfaßt von Bertha Schwetter vor dem ersten Weltkrieg. Diesem Buch verdanke ich, daß ich in den zwanziger Jahren selbst zu sticken begann. Seither habe ich mir stets die Freude an dieser Handarbeitstechnik bewahrt.
In mehr als 70jähriger Erfahrung als Stikkerei-Entwerfer sowie in meiner jahrzehntelangen Lehrtätigkeit auf diesem Gebiet konnte ich mich der Stickkunst sowohl praktisch als auch theoretisch widmen. Als Ergebnis dessen entstand nun dieses Buch. Es will, aufbauend auf der altehrwürdigen bunten Stickkunst, größeres Interesse für diesen Zweig des textilkünstlerischen Schaffens wecken, neue Liebhaber dafür gewinnen.
Leider finden die kunstgewerblichen Gesticke in Museen und Sammlungen heute kaum mehr die ihnen gebührende Beachtung. Als weltoffener Geist, der sich seit frühen Jahren mit Kunstgeschichte und Ethnographie beschäftigt, teile ich die Ansicht Lessings, „daß, wer nur einen Geschmack hat, gar keinen besitzt". So mag es nicht verwundern, daß einige meiner gestickten Bilder Reproduktionen von Malereien aus dem alten Ägypten und dem antiken Griechenland nachempfinden. Zumeist bevorzuge ich aber, wie man in diesem Buch sehen kann, Gestaltungen eigener Intuition.
Bei der theoretischen Klassifikation der Sticktechniken nahm ich mir die Bindungslehre der Weberei zum Vorbild. Die exakte Interpretation der Fadenverbindungen beim Weben läßt sich auch beim Sticken nachvollziehen. Zunächst galt es,

Muster für gewebegebundenen Plattstich, die kleinen Vierecke sind im Kästchenstich gearbeitet

gemeinsame Merkmale für alle Sticharten zu finden. Ganz allgemein bestehen diese im Durchziehen des Fadens durch die Stickunterlage und im Auf- und Unterlegen des Fadens am Stoff. Man unterscheidet dabei zwischen Vorstich, Rückstich sowie Schlaufen- bzw. Überfangstich. Durch Abwandlungen dieser Stiche, wie glattes Auflegen, Schlaufenbildung, Knotenbildung oder Verschränkungen, entstehen die Hauptgruppen der Sticharten. Aus diesen wiederum leiten sich die konkreten Sticharten ab, die durch ihre Verteilung, Richtungslegung, relative Größe und Verbindung zu Stichtypen gekennzeichnet sind. Die konkreten Sticharten als kleinste Gestaltungseinheit der Stickkunst bilden die Grundlage für die Gliederung dieses Buches.

Nicht berücksichtigt werden die kombinierten Sticktechniken, die durch die Verbindung mit weiteren Materialien bzw. nicht stichbildenden Techniken entstehen, wie z.B. die Applikation oder die Ausschneide- und Aufnäharbeiten, Flitter-Kantille-Goldstickerei sowie Fadenauszugarbeiten.

Zum Wesen der Stickkunst

Die Stickkunst wurde schon Jahrtausende vor unserer Zeitrechnung – nachweislich bereits vor der Webtechnik – angewandt. Auch viele Naturvölker bedienen sich ihrer, oft in Form der Applikation: Sie nähen Schnüre, Zähne, Muscheln und Federn zumeist auf Leder oder Rinde. Im Verlauf der kulturellen Entwicklung vermehrten sich die Sticktechniken und erreichten im europäischen Mittelalter, im Orient und besonders in China und Japan eine unübertreffliche Meisterschaft.
Die Frage nach dem Wesen der Gesticke wird meist mit dem Begriff „textiles Verzierungsverfahren" umrissen. Dies ist jedoch zu kurz gegriffen, denn nur ein Teil der bestickten Arbeiten dient als Verzierung. Bestickte Stoffe veranschaulichen oft mehr. Sie enthalten beispielsweise Ornamente und auch Bilder und sind damit Darstellungen an sich.

Das Wesen der Sticktechnik ist dadurch gekennzeichnet, daß ein Faden durch eine Unterlage gezogen, auf- oder untergelegt wird. Die Unterlage, Stickboden genannt, kann aus verschiedenen Rohstoffen und in unterschiedlichen technischen Verfahren hergestellt sein. In der Regel ist sie textiler Natur, meist ein Gewebe. Als Stickfaden dominiert ebenfalls textiler Faden, zuweilen spielen auch Bast- oder Metallfäden eine Rolle.
Die Unterscheidung zwischen Weiß- und Buntgesticken ist vor allem in Hinblick auf die Verwendung bedeutsam. Von den Sticharten her sind sie gleich. Da das Stikken mit bunten Materialien aber meist zu ornamentalen und bildhaften Resultaten führt, ist ratsam, es getrennt von der Weißstickerei zu beschreiben. In diesem Buch werden nur die bunten Stickweisen demonstriert.
Noch ein Wort zur Begriffsbestimmung. Prof. Dr. Günter Schnegelsberg schrieb in

seinem grundlegenden Werk „Systematik der Textilien” 1971 „Allgemein wird der Ausdruck ‘Stickerei’ auch für die Erzeugnisse einer Stickerei verwendet. Wenn jedoch Webereien Gewebe, Wirkereien Gewirke und Strickereien Gestricke herstellen, ist nicht einzusehen, warum die Stickerei denselben Ausdruck für Produktionsstätte und Erzeugnis hat. Für wissenschaftliche Untersuchungen sind mehrdeutige Ausdrücke nicht verwendbar. Aus diesem Grund wird für das Erzeugnis einer Stickerei der Ausdruck ‘Gesticke’ vorgeschlagen.” Es wird wohl schwer möglich sein, seit Jahrhunderten eingebürgerte und in der Umgangssprache fest verwurzelte Begriffe durch neue zu ersetzen – aber man könnte sich darum bemühen.

Grundbegriffe

Das Sticken von Hand, wie es in diesem Buch beschrieben wird, gehört zum System der Einfadentechnik. Die Verbindung des Stickfadens mit der Unterlage erfolgt also nur mit einem Faden. Hand- sowie Kurbelstickmaschinen arbeiten auch nach diesem System, während Nähmaschinen, Adlerstickmaschinen, Mehrkopfautomaten und Schiffchenstickmaschinen im Zweifadensystem arbeiten.

Die kleinste Einheit jeden Stichgefüges ist der Stich. Er entsteht, indem man den von der Nadel geführten Stickfaden einmal mit der Unterlage verbindet. Dabei wird der Faden zweimal durch den Stickboden geführt (a) und jeweils oben und unten an diesen angelegt.

Man unterscheidet Vorstich und Rückstich. Die Reihung des Vorstichs ergibt eine lückenhafte Linie. Diese wird geschlossen, indem man rückwärtsgehend eine zweite Vorstichlinie stickt und dabei den Faden durch dieselben Ein- und Ausstichpunkte führt.

Bei der Rückstichlinie (b) wird in einem Arbeitsgang eine geschlossene Linie gestickt, indem man die rückseitigen Fadenstrecken verdoppelt.

Wird nach dem ersten Ausstich gleich wieder ein Einstich an derselben Stelle ausgeführt und dabei der Faden als Schlaufe stehengelassen, erhält man den Lockerstich und den Überfangstich. Durch mehrere nebeneinander und übereinander ausgeführte Lockerstiche entstehen Noppen auf dem Stickboden. Überfangstiche nutzt man, um zuvor ausgeführte Stiche oder eine gelegte Schnur fest an die Unterlage zu binden, zu „überfangen" (c).

Wechseln regelmäßig Vor- und Rückstiche, ergibt es denselben Effekt wie eine geschlossene Rückstichlinie (d), jedoch mit geringem Fadenverbrauch.

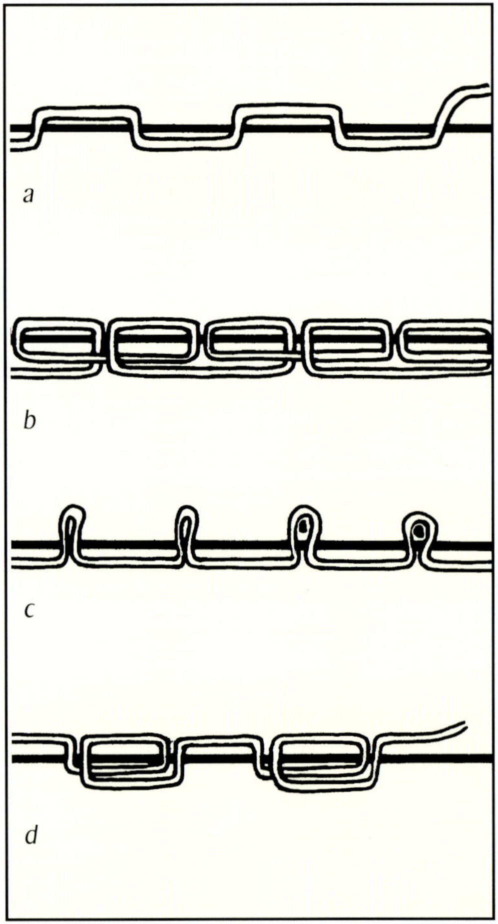

Die Sticharten

Aus der Art und Weise, wie die eben beschriebenen Stiche gestaltet und zusammengefügt werden, lassen sich verschiedene Sticharten ableiten. Durch Formung und Legung des Fadens zwischen Ein- und Ausstich ergeben sich folgende Hauptformen der Sticharten:

- glatt aufliegend
- mit Fadenkreuzung
- mit Schlaufenbildung
- mit Schlingenbildung
- mit Knotenbildung
- mit Verschränkung

Diese Hauptformen der Sticharten werden durch verschiedene Merkmale modifiziert. Dazu gehören:

- die Anzahl der Stiche in einer Stichtype
- die Anordnung der Stiche
- die Kombination verschiedener Stiche
- die Richtung der Type im Stoff
- das Reihungsprinzip der Stichtypen
- die Größe der Stiche
- der Abstand der Stiche

Der Begriff „Stichtype" kennzeichnet dabei die kleinste bildnerische Einheit der Sticktechnik.
Bei manchen Sticharten ist der rückseitige Übergang der Stiche von Bedeutung; bei vielen kann er willkürlich gewählt werden. Außerdem wird zwischen gewebegebundener und formgebundener Stickweise unterschieden. Bei gewebegebundener Stickweise werden die vorderen Fadenstrecken parallel oder diagonal zum Gewebefaden ausgeführt; die Fäden werden dabei abgezählt. Bei formgebundener Stickweise entscheiden die Außenkonturen der bildhaften Formen über die Größe und Richtung der Stichtypen; die Gewebefäden werden nicht abgezählt.

Motiv mit romanischem Stich, Knötchenstich und Steppstich gestickt

Seite 13: Bewegte Form, gestickt in Spannstich, Knötchenstich, Steppstich und Bilderstich

Gestalten mit der Nadel

Das Sticken ist ein hervorragendes Gestaltungsmittel, das durchaus mit dem Malen verglichen werden kann. Nicht umsonst nannte man im antiken Rom das Sticken „Mit der Nadel malen". In früherer Zeit wurden kostbare Bildteppiche, Altardecken, Meßgewänder und andere, der Repräsentation dienende Textilien in aufwendiger Sticktechnik gefertigt.

Der Vorteil dieser Arbeiten gegenüber bedruckten, gewirkten oder gestrickten Erzeugnissen liegt darin, daß man mittels Gesticken Formen, Konturen und Details präziser und plastischer gestalten, Schattierungen besser wiedergeben und Farben leichter wechseln kann.

Seit Beginn des 20. Jahrhunderts sind solche aufwendigen Stickarbeiten seltener geworden. Man nutzte die Technik vielmehr zum Verzieren von Wäsche, Tischdecken, Taschentüchern usw.

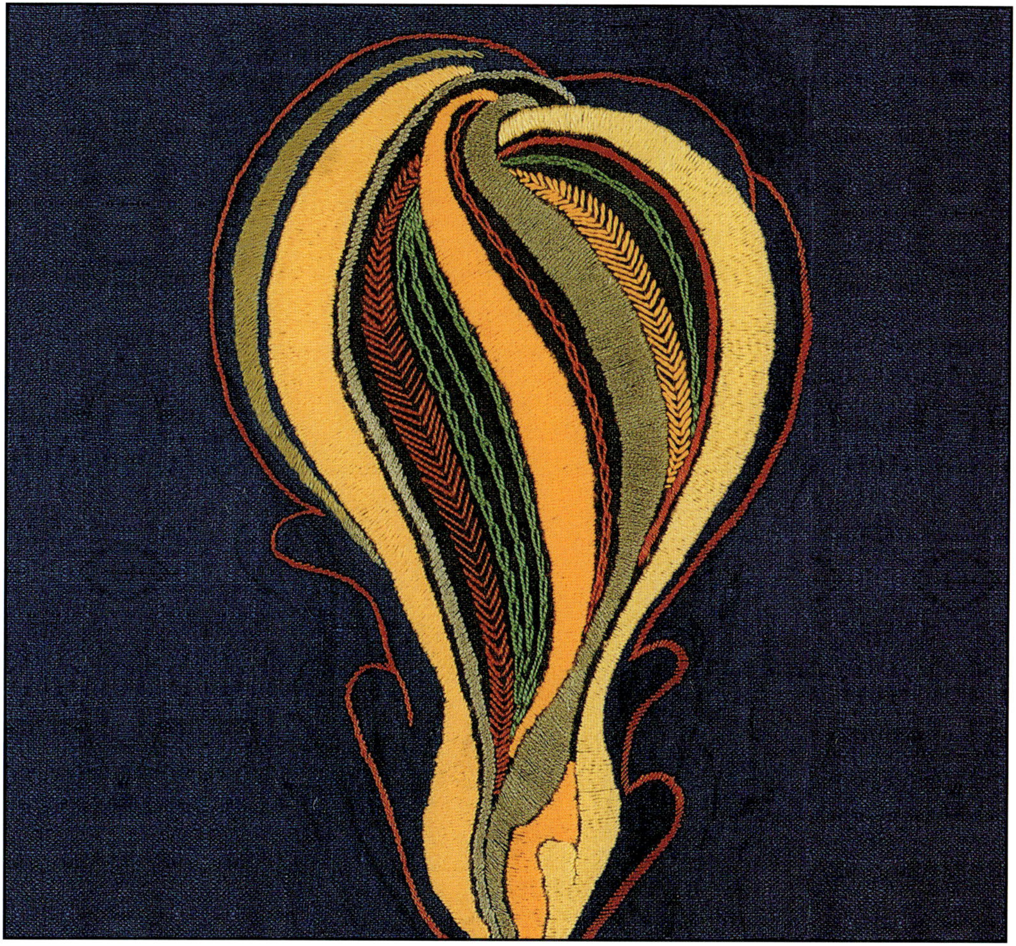

Einfache Sticharten

Zu dieser Hauptstichartengruppe gehören alle Sticharten, bei denen die oberen Fadenstrecken des Stiches glatt auf den Stickboden zu liegen kommen.

Der Webstich

Webstiche ahmen Gewebemuster nach und werden auf leinwandbindigen Stoffen parallel zu den Webfäden gestickt. Dabei werden stets geometrische Muster erzielt. Zur Vorbereitung zeichnet man auf Kästchenpapier den Fadenverlauf ein, wobei ein Kästchen immer für das Über- und Untergehen eines Webfadens steht. Die freibleibenden Stellen werden beim Sticken rückseitig übergangen. Auf diese Weise entsteht auf beiden Gewebeseiten ein Muster, einmal als „Positiv", einmal als „Negativ". Als andere Variante kann man den Fadeneinzug in Richtung der Schußfäden durchführen, so daß die gemusterte Borte parallel zur unteren Stoffkante verläuft.

Der Webstich gehört zu den ältesten Sticktechniken. Bekannt wurde vor allem die Rhodosstickerei (nach der Mittelmeerinsel Rhodos benannt) bzw. die marokkanische Stickerei, bei der die Einzugsfäden in gleich großen, meist fünf Gewebefäden kreuzenden Strecken eingestickt werden. Eine ähnliche Technik nutzt die persische Leinenstickerei; dabei werden die Füllformen nachträglich mit einem dunkleren Faden konturiert.

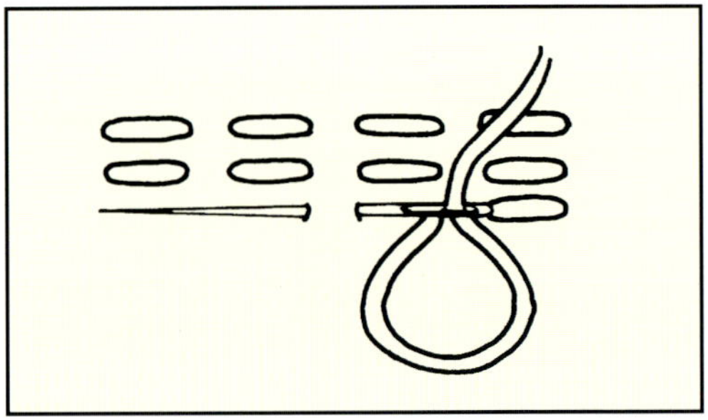

Der Steppstich

Steppstiche sind die einfachste Art der Linienstiche. Ihre Bezeichnung leitet sich offenbar aus der gesteppten Nähmaschinennaht her. Früher hieß dieser Stich auch Strichstich. Der Steppstich entsteht in Form des Vor- oder Rückstichs. Die gleichlangen Stiche werden von rechts nach links in einem Arbeitsgang gestickt. Will man längere Linien in Vorstichen ausführen, muß man das in zwei Arbeitsgängen tun. Gleichmäßiger wirkt eine im Rückstich gestickte Linie, weil man dabei den Einstich der Nadel von oben besser kontrollieren kann. Ein Merkmal des Steppstichs ist seine geringe Größe. Bei runden Linien werden die Steppstiche sehr kurz genommen, damit sie nicht geknickt wirken. Mit Steppstichen kann man selbständige, freie Linien ausführen, Konturen bilden oder – in eng gereihten Linien – Füllungen arbeiten.

Seite 16: Flächenmuster mit Kreisen und geraden Linien, gestickt mit füllenden Steppstichen
Seite 17: Nachbildung des Gemäldes „Mädchenbildnis" von Pablo Picasso, 1938

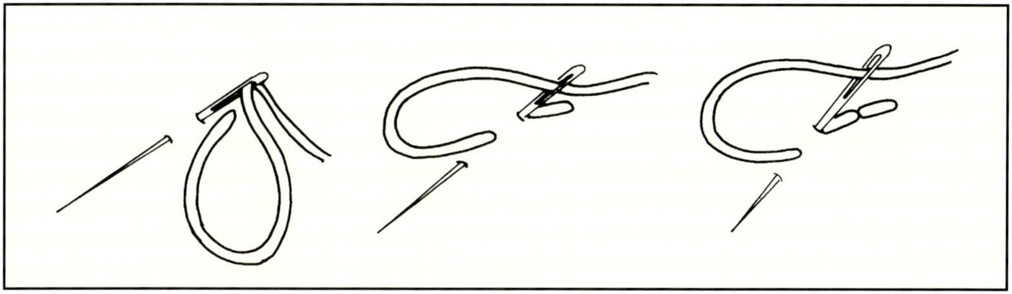

Der Spannstich

Der Spannstich wird durch parallele, dicht nebeneinander liegende senkrechte Vorstiche ohne Zwischenstiche gebildet. Die Anordnung ist völlig frei; ausschlaggebend ist allein die gestalterische Form.
Die Stichtype ist in der Regel größer als bei anderen Sticharten, sollte aber der Dicke des Fadens und der Gewebedichte angepaßt werden. Zu lang gespannte Fäden krümmen sich auf dem Stickboden. Zwischen den Spannstichen muß etwas Abstand sein; sie bedecken nie die Fläche ganz. Spannstiche in Form von Sternen, Dreiecken und anderen geometrischen Formen dienen oft als Streumotive. Man verziert damit vor allem Tischdecken und Kissen.

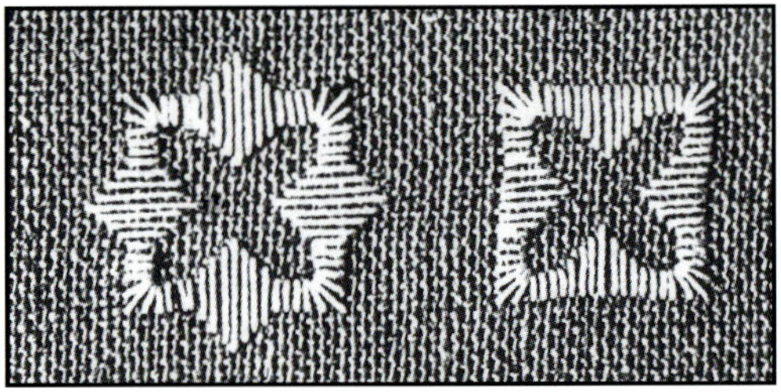

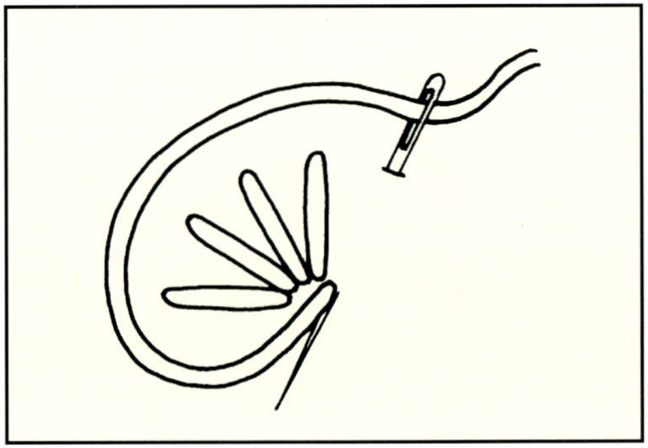

Dieser einfache Stich kann in jeder Länge und in jedem Winkel gearbeitet werden

Seite 19: Tropfenförmige Blätter mit Streifenfüllungen im Spannstich, Knötchenstich, Kreuzstich und Plattstich

Der gleichseitige Sternstich

Er ist, wie sein Name sagt, beidseitig der Unterlage gleich und besteht aus acht Stichen, die einen Stern auf quadratischer Grundfläche bilden. Die Rückstiche gehen von der Mitte der Form aus, wie das Schema verdeutlicht. Es wird zuerst nur ein Teil der acht Stiche ausgeführt, im zweiten Arbeitsgang die restlichen. Einzelne Figuren werden natürlich in einem Arbeitsgang hergestellt.

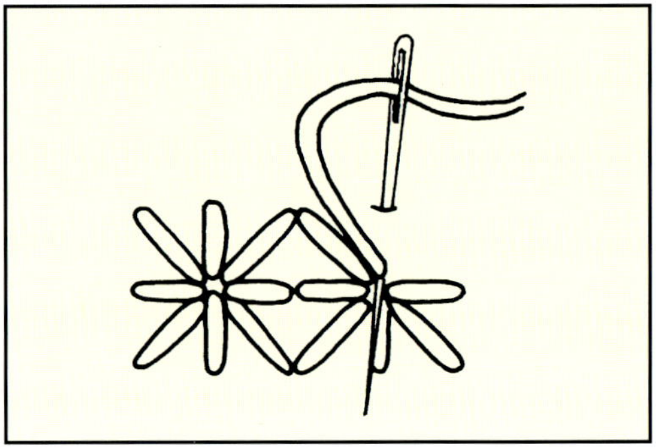

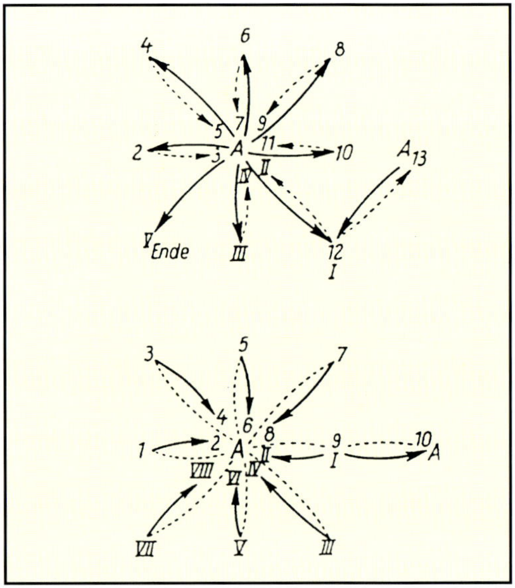

Seite 21: Flächenmuster im gleichseitigen Sternstich ausgeführt

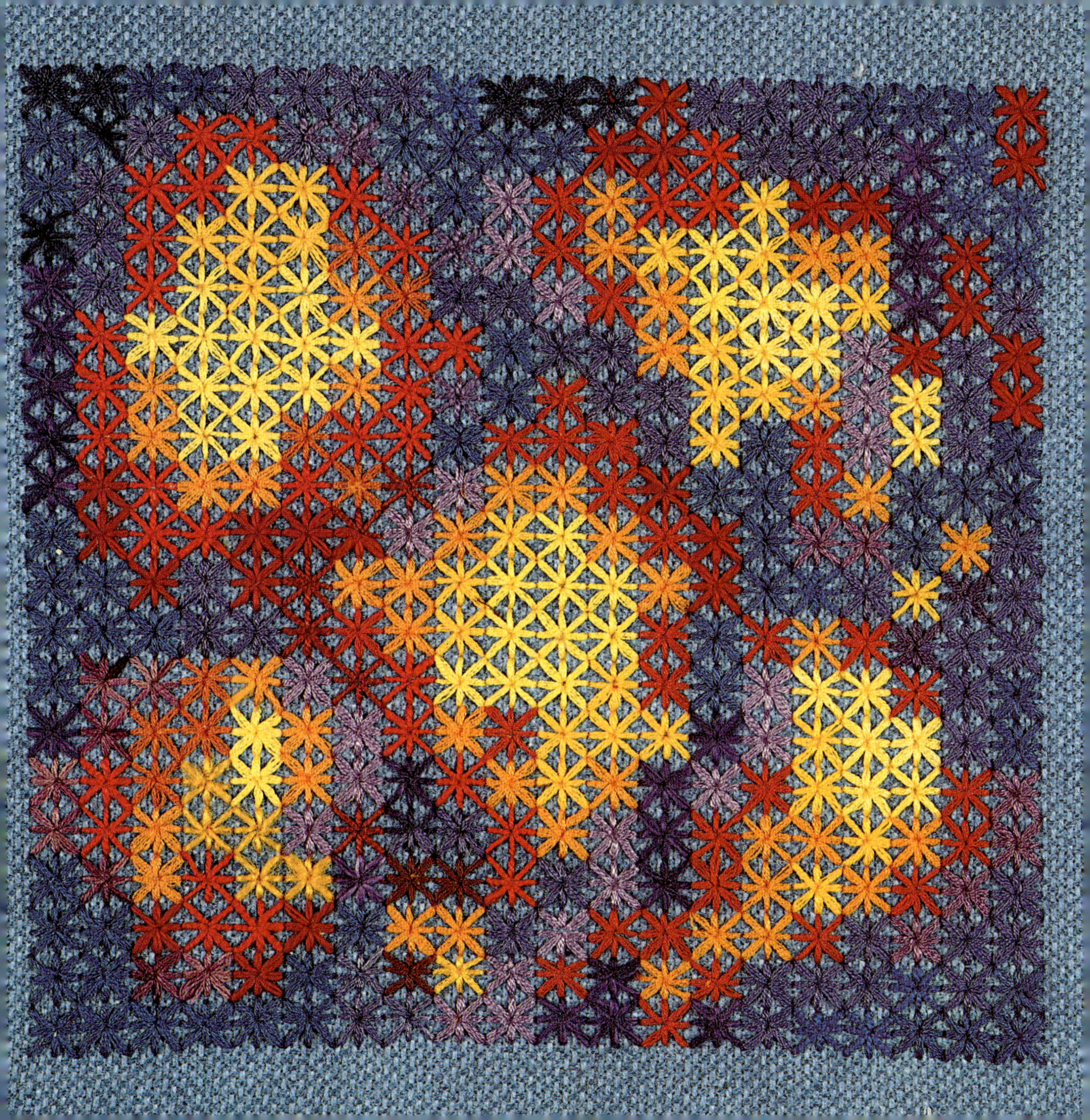

Der einseitige Sternstich

Die in der Handarbeitsliteratur noch vorkommenden Bezeichnungen Königskreuzstich, Smyrnakreuzstich oder Rosettenkreuzstich beziehen sich auf den einseitigen Sternstich, der jedoch eine Stichart mit Fadenkreuzung ist. Seine Wirkung zeigt er nur auf der Vorderseite des Stoffes. Diese Stichtype besteht aus vier Stichen. Der letzte Stich muß immer in gleicher Richtung stehen. Dies ermöglicht eine gleichmäßige und ruhige Wirkung und zugleich den einfachsten Übergang zur nächstfolgenden Stichtype. Vorteilhaft ist das Sticken in gewebegebundener Weise bzw. auf abzählbarem Gewebe.

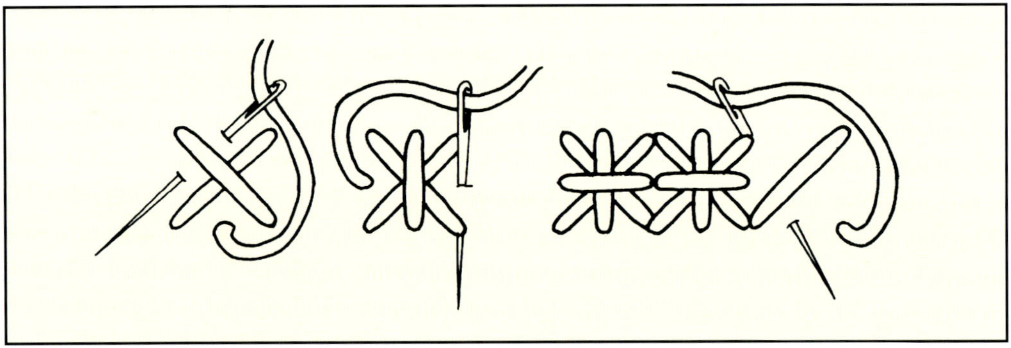

Seite 23: Stern- und Spiralmuster im einseitigen Sternstich

Der Kelimstich

Der Kelimstich, auch Sumakstich, osmanischer Stich, Strickstich, Trikotstich oder spanischer Flechtstich genannt, besteht aus zwei Rückstichen. Man kann die Stichreihen vertikal oder horizontal ausführen. Meist wird der Kelimstich über zwei senkrechte und einen waagerechten Gewebefaden ausgeführt. Dabei greifen die Rückstiche im spitzen Winkel schräg über die Webfäden. Am Ende einer Stichreihe angekommen, wird die nächste Reihe in entgegengesetzter Richtung gestickt. Als Vorlagen für Arbeiten im Kelimstich werden oft Motive orientalischer Teppiche (Kelims) verwendet.

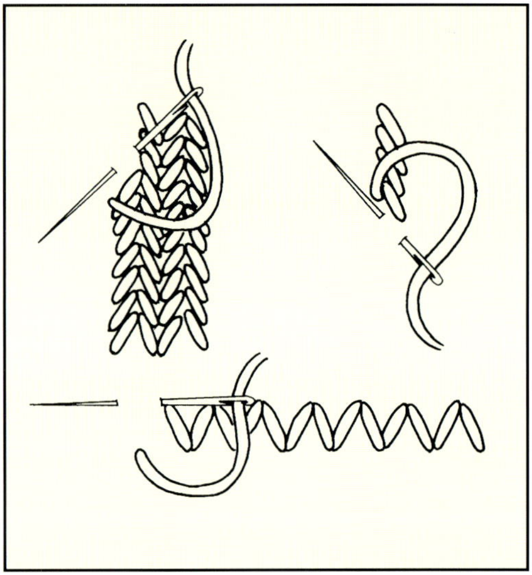

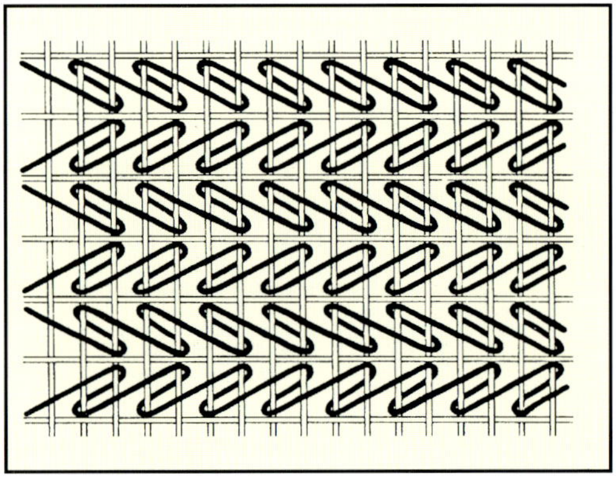

Schematische Darstellung der gewebten Kelimbindung

Seite 25: Wandteppich im Kelimstich ausgeführt

Der Gobelinstich

Der Name Gobelinstich leitet sich aus den Bildteppichen (Gobelins) her, die die französische Familie gleichen Namens im 17. Jahrhundert anfertigte. Dabei wurden gemäß der Bildvorlage kurze Fadenstücke in die Kettfäden eingelegt.

Gobelinstiche sind gewebegebunden. Man arbeitet sie eng gereiht und flächendeckend. Es gibt mannigfache Arten. In Schweden verwendet man oft den senkrecht gereihten sogenannten „Rippenstich", in Frankreich wurde der „petit point" und der „gros point" (im Deutschen „Perlstichstickerei" genannt) in der Zeit des Barock und Rokoko für figurale Motive und für Möbelbezüge genutzt.

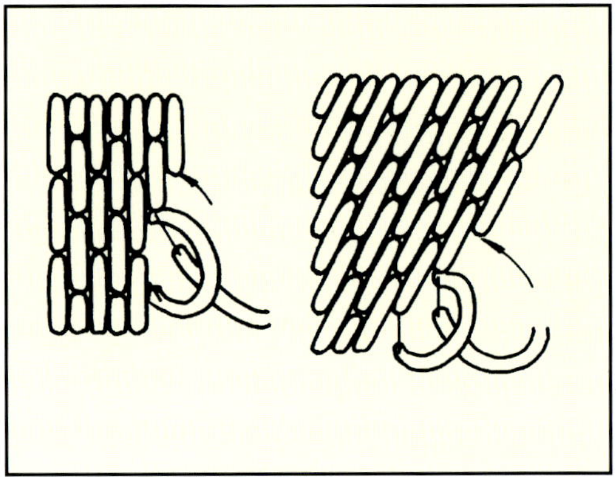

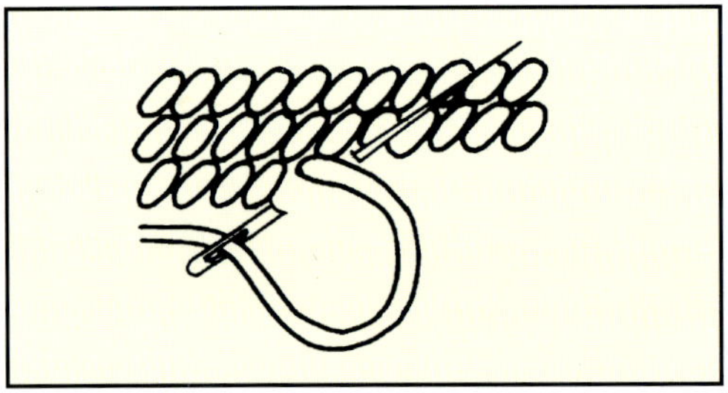

Die Stichtype des Gobelinstichs umfaßt nur einen Rückstich, der versetzt, gerade oder schräg ausgeführt wird. Um bei Gesticken im Gobelinstich einen geraden Rand zu erhalten, muß man im Wechsel verkürzte und längere Stiche arbeiten.

Seite 27: Abstraktes Flächenmuster

Der Plattstich

Der Plattstich wird in Rückstichen ausgeführt, wobei die oberen Fadenstrecken parallel liegen. Der Abstand der Stiche sollte etwa der Dicke des Fadens entsprechen. Oft wird in der Literatur der Plattstich mit dem Flachstich vermengt, dieser ist jedoch nur eine Erscheinungsform des Plattstiches. Die üblichsten Arten sind:

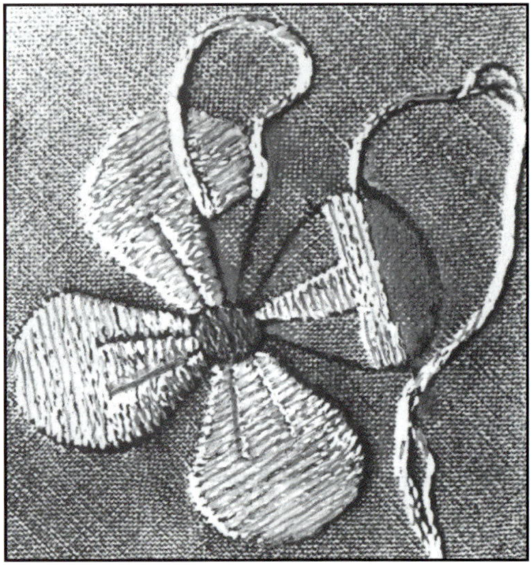

Der einfache Plattstich

Dieser Stich erfordert keine zusätzlichen Maßnahmen. Die Länge seiner Rückstiche richtet sich allein nach den Maßen der zu stickenden Form. Bei unterteilten Formen ist auf die richtige Reihenfolge der vorzunehmenden Füllungen zu achten. Die Skizzen machen das deutlich.

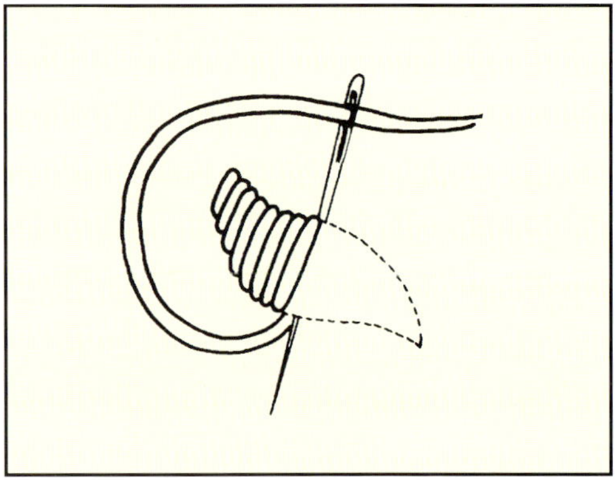

Seite 29: Antikes Palmettenmuster nach dem Vorbild der griechischen Vasenmalerei

Der romanische Stich

Dieser Stich wird stets zu Formfüllungen verwendet. Er entsteht dadurch, daß man nach zwei Plattstichen diese rückwärtsgehend überquert und dadurch feststickt. Dabei entsteht eine Mittelrippe. Wenn diese Rippe an den Rand der zu füllenden Form gelegt wird, dient sie der Festigkeit des Stickgefüges.

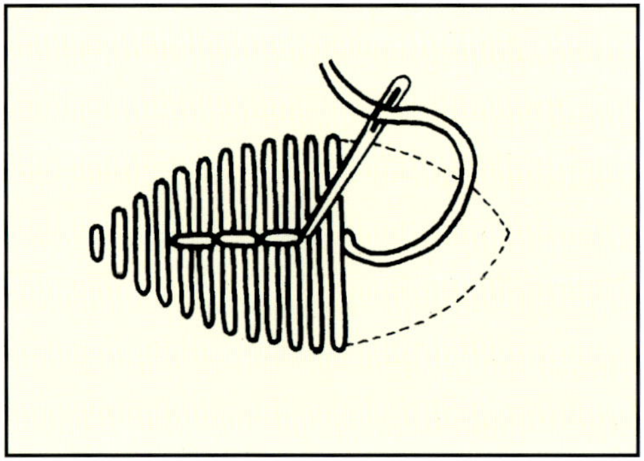

Seite 30: Farbenfrohes Flächenmuster

Der Flachstich

Mit dieser Stichart kann man breitere Formen mit mehreren Stichen überqueren, die in der Regel ineinandergreifen. Das verleiht dem Stickbild ein fließendes Aussehen.

Arbeitet man mehrfarbig, werden von der inneren Kontur her mit andersfarbigem Faden Stiche so eingezogen, daß eine natürliche Wirkung entsteht. Innerhalb der zu füllenden Form haben die Stiche so auszugehen, daß sie in Richtung des Randes zwischen die bereits vorher ausgeführten hineingreifen und parallel zu diesen liegen. Dabei müssen die Endungen der einzufügenden Stiche spitz verlaufend zwischen den Fäden der fertigen Stiche nach unten gezogen werden, was am besten gelingt, wenn die Nadel schräg gehalten wird. Gestickt wird mit teilbarem Seidenfaden. Mit Flachstich hergestellte Bilder werden als Nadelmalerei bezeichnet. Bei der chinesischen Nadelmalerei gibt es kein Ineinandergreifen der Flachstiche. Sie kennzeichnet sich dadurch, daß die einzelnen Teilformen der dargestellten Dinge ihre Eigenfarben haben und direkt aneinandergefügt sind. Oft treten andere Stickformen hinzu, z.B. Goldlegearbeiten und Knötchenstiche.

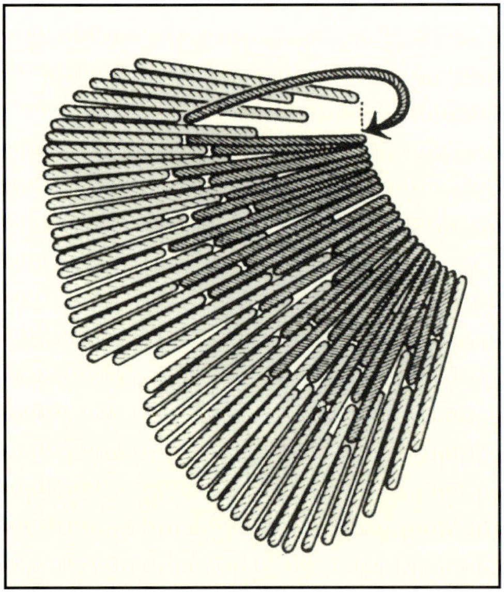

Die Sprengtechnik

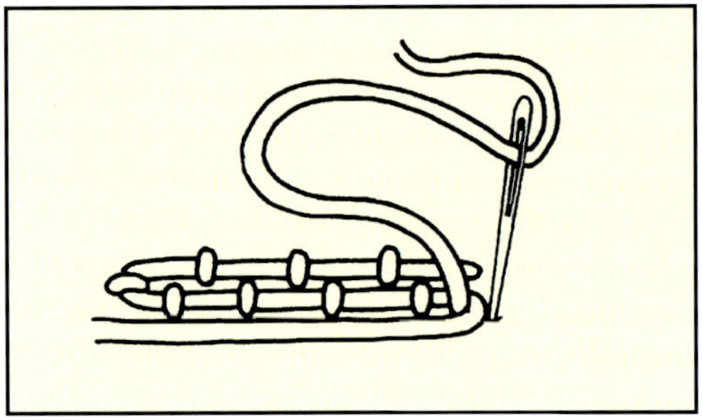

Diese Technik ist eine liniengebundene Arbeit über vorgezeichneten Mustern. Dabei wird der aufzunähende Faden, der als Goldfaden, Schnürchen oder Gimpe die Musterfiguren bilden soll, von Hand geführt und mit Überfangstichen an den Stoff gebunden. Sowohl am Beginn, als auch am Ende einer Arbeit wird das aufzustickende Material durch den Stoff gezogen, dort festgenäht oder angeklebt. Bei der im Mittelalter angewendeten Form dieser Technik wurden die Überfangstiche so fest angezogen, daß das aufzunähende Material ein wenig durch den Stoff gezogen wurde. Es werden mit dieser Technik meist Konturen gearbeitet, seltener Füllungen. Sowohl bei den mittelalterlichen, als auch bei den chinesischen Arbeiten wurde meist Gold verwendet, daher die geläufige Bezeichnung „Goldsprengtechnik". Der Goldfaden war in Europa meist ein mit vergoldetem Silberlack umwickelter Seidenfaden. In China und Japan bestand er aus einem Seiden- oder Baumwollfaden, der mit vergoldetem Papier- oder Kautschukstreifen umwickelt war. Ein Faden, bei dem ein innerer Faden (Seelenfaden) von andersartigem Material umwickelt ist, wird als „Gimpe" bezeichnet.

Seite 35: Nach dem Adlermotiv einer gotischen Gewandfibel gearbeitet

Sticharten mit Fadenkreuzungen

Die Bezeichnung dieser Hauptgruppe ist vom Autor dieses Buches initiiert worden. Die Stichtypen aller hier in Frage kommenden Sticharten bestehen naturgemäß aus mehreren Stichen. Zu ihnen gehören: der einfache Kreuzstich, der Gitterkreuzstich, der Kreuznahtstich, der Schattenstich, der Bilderstich und der Renaissancestich. Einige davon sollen nachfolgend erläutert werden.

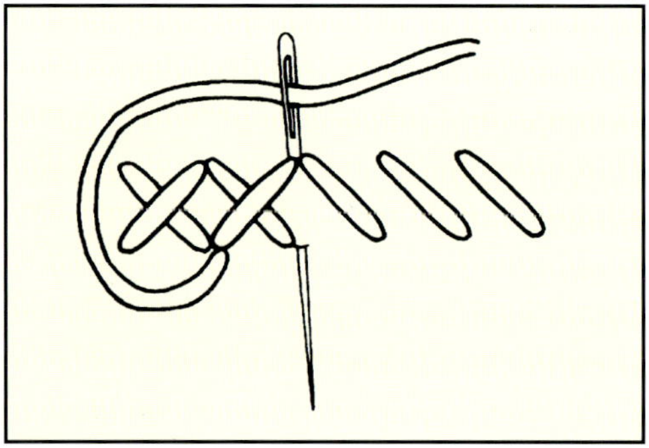

Der Kreuzstich

Diese am häufigsten zur Anwendung kommende Stichart mit Fadenkreuzung ist seit der Renaissance fast überall bekannt.

Die sich kreuzenden Fäden werden diagonal zur Richtung des Gewebes verlaufend eingestickt. Um ein gleichmäßig schönes Stickbild zu erzielen, darf die Richtung der Stiche während der Arbeit nirgends gewechselt werden. Da jedes Kreuzchen aus zwei Stichen besteht, einem unteren und einem oberen, die beide ihren eigenen Schatten werfen, kommt ihrer Reihung große Bedeutung zu.

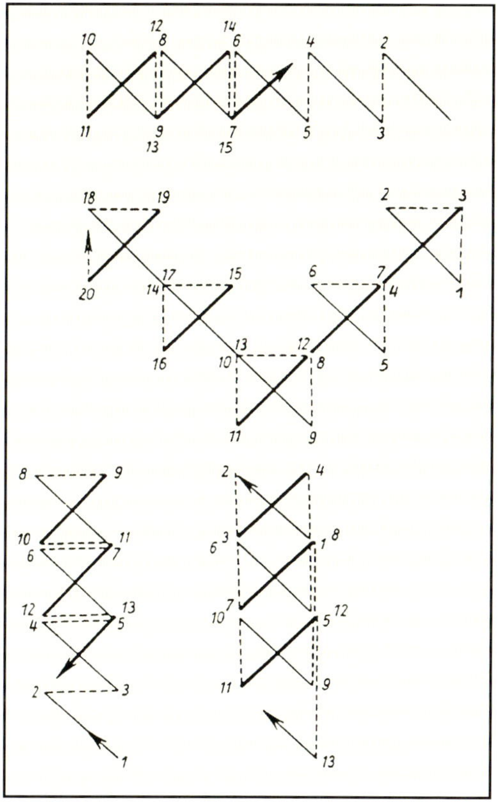

Stickweise des einfachen Kreuzstiches in waagerechten, senkrechten und diagonalen Reihen

Nelke in einfachem Kreuzstich aus Graubünden. Man beachte die rosettenförmigen Aussparungen in den Blättern

Der Kreuznahtstich

Eine Art des Kreuzstiches ist der Kreuznahtstich, auch Hexenstich genannt. Eng verwandt ist er mit den zahlreichen Flechtstichen.
Die Stichtype des Kreuznahtstiches besteht aus vier Rückstichen, die zwei Fadenkreuzungen bilden. Nach jedem Einstich erfolgt der nächste in kurzer Entfernung und der Stickrichtung entgegengesetzt.

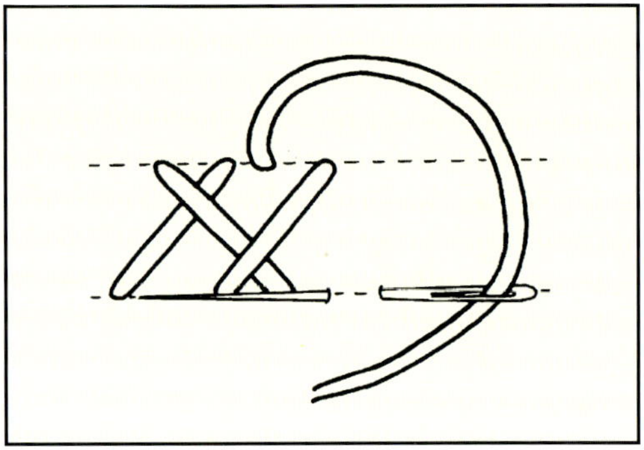

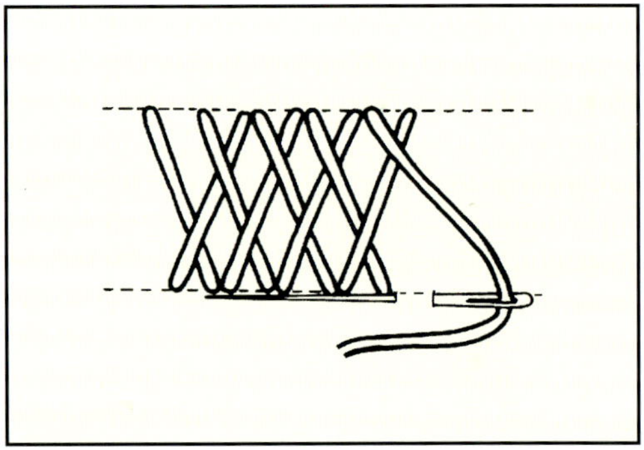

Seite 39: Spiralmotiv mit Kreuznahtstich, Plattstich, Knötchenstich und Steppstich

Der Schattenstich

Als Schattenstich bezeichnet man jenen Effekt, der durch das umgekehrte Sticken des Kreuznahtstichs entsteht. Die längeren Teilstrecken befinden sich auf der Rückseite, die kürzeren auf der Vorderseite des Stickbodens. Voraussetzung für die Wirkung ist natürlich ein durchscheinender Stoff. Der Schattenstich, in der Schweiz „Hinterzug" genannt, erzeugt die zartesten Gebilde der Stickkunst. Je kleiner die kurzen Stichteile als Kontur auf die Vorderseite kommen, desto dichter liegen die gekreuzten Fäden auf der Rückseite.
Bei gebogenen Musterformen ist darauf zu achten, daß an deren inneren Kurven der Abstand der Stiche kontinuierlich verkürzt wird, um die Parallelität zur äußeren Kurve zu gewährleisten.

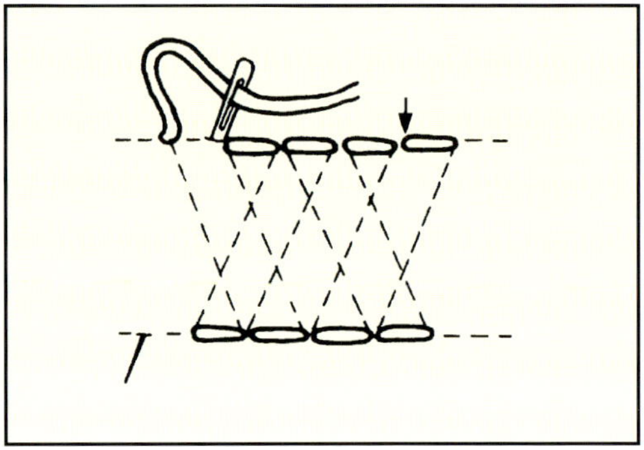

Seite 41: Kleines Deckchen im Schattenstich, mit Festonstich umfaßt

Der Bilderstich

Zur Zeit des Mittelalters wurde besonders in Süddeutschland und der Schweiz eine Art Stickerei gepflegt, die in Bezug auf die dargestellten Formen „Bilderstich" genannt wurde.
Meist waren es Heiligenbilder und die den Heiligen traditionell zugeordneten Tierfiguren, die in dieser Stichart ausgeführt wurden.
Der Stich wird mit ziemlich dickem Material gestickt. Man spannt den Arbeitsfaden über die gesamte Breite der Form, also von Rand zu Rand. Zurückgehend überstickt man den Faden, je nach Vorlagengröße, mit mehr oder weniger langen Stichen. Auf der Rückseite legt man sehr kurze Stiche an. Auf diese Weise werden durch eng aneinander gereihte Bilderstiche die Formen gefüllt.

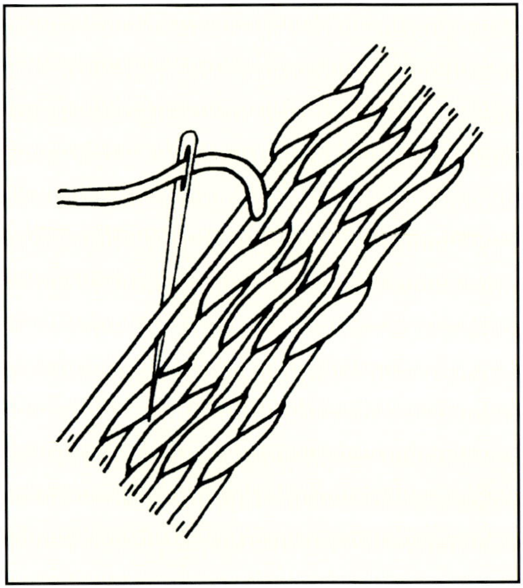

Seite 43: Altägyptisches Frauenbildnis. Bilderstich, alle kleineren Partien im Plattstich ausgeführt

Gandria am Luganer See im Tessin

Seite 45: Trachtenpaar

Der Renaissancestich

Der Renaissancestich gewann, wie der Name sagt, zur Zeit der Renaissance seine größte Verbreitung. Kirchen, Schlösser und Paläste wurden mit schweren Wandbehängen dekoriert. Tafeltücher bestickte man mit Blumengebinden und Girlanden.

Es gibt verschiedene Arten des Renaissancestiches. Allen gemeinsam ist, daß möglichst eine völlige Flächenbedeckung angestrebt wird. Die Dicke des Stickfadens muß mit dem Abstand der Gewebefäden übereinstimmen. Bei dieser Technik werden längere Stiche von kürzeren überdeckt. Dadurch wirkt das Stückgefüge ruhig und ausgeglichen.

Die Skizzen zeigen die Stickweise verschiedener Renaissancestiche.

Beim senkrecht gereihten Renaissancestich werden die aus zwei Stichen bestehenden Sticktypen senkrecht untereinandergesetzt. Sie greifen jeweils über eine gerade Anzahl Gewebefäden. Bei den versetzten Renaissancestichen werden die nachfolgenden Stickreihen jeweils versetzt zwischen die vorhergehenden eingestickt. Bei den bündigen Renaissancestichen erhalten die äußeren Fäden mittels eines kurzen Stiches eine Verschränkung nach außen.

Seite 47: Perspektivisch geschichtete Dreiecksformen

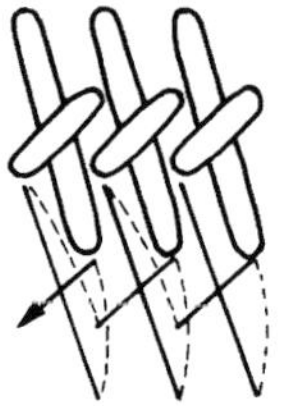

Versetzter Renaissancestich

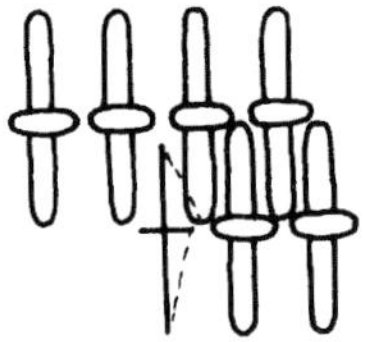

Senkrecht gereihter Renaissancestich

Dreibündig geteilter Renaissancestich

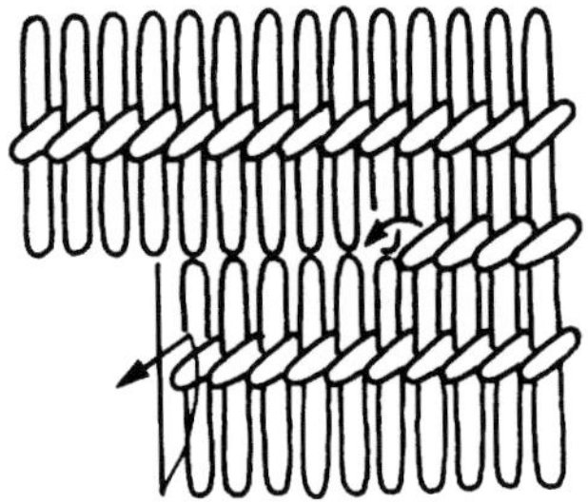

Bündiger Renaissancestich

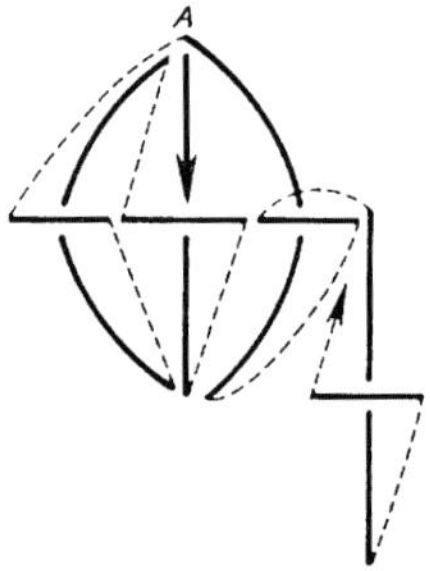

Stickschema zum dreibündig geteilten Renaissancestich

Seite 49: Abstrahierte Blütenform

Sticharten mit Schlaufen

Unter dieser Bezeichnung werden alle lockeren Sticharten zusammengefaßt.Wenn also der Faden nach dem Ausstich der Nadel nicht gleich wieder zu einem Einstich geführt wird, sondern locker bleibt und eine Schlaufe bildet. Solche Schlaufen können bleiben wie sie sind, sie können aber auch auf dem Stickboden liegend gestreckt und durch einen nachfolgenden Stich festgehalten werden. Eine weitere Möglichkeit ist das Aufschneiden der Schlaufen, um freistehende Fadenenden zu erzielen.

Der Lockerstich

Der Lockerstich, vielfach auch Lockenstich genannt, ist eine der schlaufenbildenden Sticharten. Stickrichtung und Stickgröße gleichen dem kleinen Gobelinstich, dem Perlstich.

Da in jeder Stickreihe und damit der ganzen zu füllenden Fläche die Schlaufen die gleiche Höhe haben müssen, nimmt man ein Hilfsmittel, das man auf den Stoff legt und gleichmäßig überstickt, etwa eine Stricknadel oder ein Holzstäbchen. Nach dem Sticken von zwei bis drei Reihen können diese wieder herausgezogen werden. Auf der Vorderseite wird der Faden bei jedem Stich diagonal über zwei, höchstens drei, Webfäden und rückseitig senkrecht über sie zurückgeführt. Die Stichreihen müssen stets in einheitlicher Richtung gestickt werden. Am Ende einer Reihe angelangt, wird der Arbeitsfaden auf der Rückseite unter einige der halben Stichstrecken geführt. Bei Arbeiten, die größere Schlaufen erfordern, wie dies bei Wandteppichen der Fall ist, lassen sich der Smyrna- und der Perserstich anwenden.

Zwei weitere schlaufenbildende Stiche sind der Velourstich oder Plüschstich und der Schlaufenkreuzstich. Ihre Stickweisen zeigen die folgenden Skizzen.

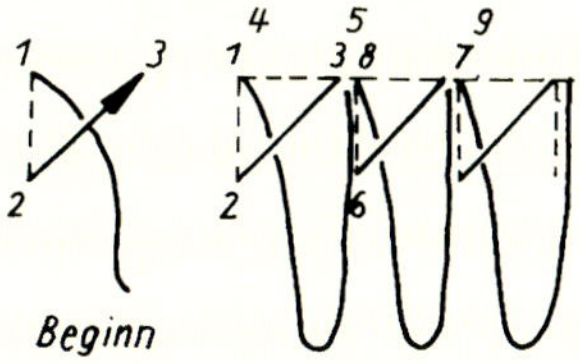

Smyrnastich

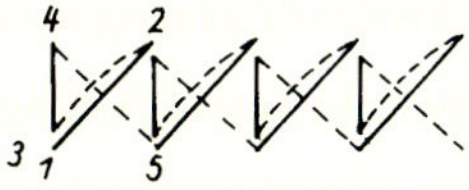

Velourstich

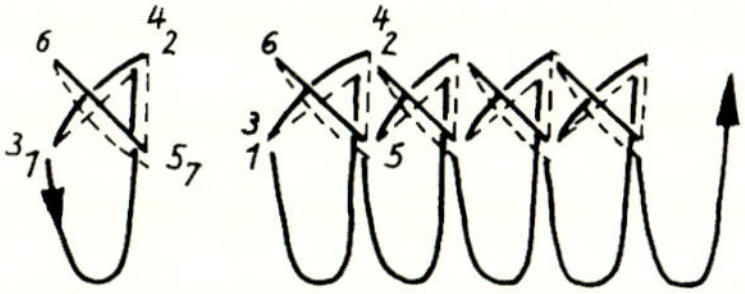

Schlaufenkreuzstich

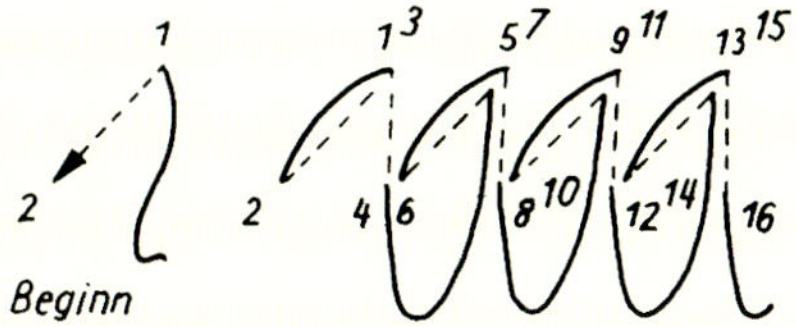

Stehender Plüschstich

Der Kettenstich

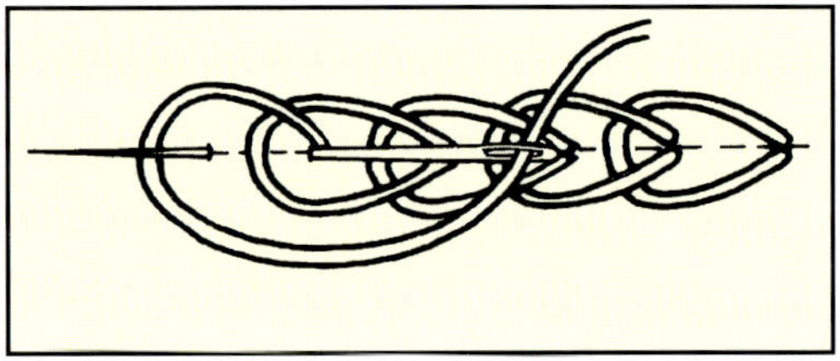

Beim Kettenstich stehen die Schlaufen nicht hoch, sondern liegen am Stickboden an.
Jede Schlaufe entsteht im Bereich der zuvor gestickten, indem der Ausstich knapp vor dem Bogenende der vorigen Schlaufe erfolgt. Am gefälligsten wirken die Schlaufen, wenn sie zu einem Spitzoval gestaltet werden. Da die Kettenstichlinien sich durch Zug leicht auflösen lassen, werden sie vorn und hinten mittels eines Überfangstiches befestigt.
Füllungen von Formen erzielt man durch enges Aneinanderreihen der Linien, wobei von innen nach außen gearbeitet werden muß. Da eine Kettenstichlinie nur schlecht unterbrochen werden kann, ist mit langem Faden zu arbeiten zumal diese Stichart viel Faden beansprucht.
Im 18. Jahrhundert erhielt der Kettenstich die Bezeichnung Tambourstich und war weit verbreitet. Mit dem Aufkommen der Tambouriermaschine Mitte des 19. Jahrhunderts wurden große Mengen Schleier und Gardinen mit Mustern im Kettenstich verziert.

Seite 53: Dynamische Spiralform

Außer dem Kettenstich gibt es noch weitere liegende Schlaufenstiche, deren Stichtypen mit gleicher Technik gestickt werden. Im Unterschied zum Kettenstich sind das keine Liniensticher. Jede Sticktype, ob einzeln oder als Füllung gearbeitet, muß mit einem Überfangstich befestigt werden. Beim Kettenknotenstich, der zu Flächenfüllungen verwendet wird, werden die Schlaufen neben- und untereinander in diagonaler Stellung gereiht. Eigentlich ist seine Bezeichnung irreführend, denn von Knoten kann keine Rede sein. Der Name hat sich jedoch eingebürgert.

Der Margeritenstich

Eine weitere Abart des Kettenstiches ist der Margeritenstich. Der Name verrät seine Verwendung. Bei ihm werden um einen Mittelpunkt herum, der in der Regel den Samenboden einer Blüte darstellt, die liegenden Schlaufen zu Blütenblättern gruppiert. Auch als Blättchen an Zweigen o.ä. kann man diesen Stich verwenden. Eine Kette bildet der Stich zwar nicht, wird jedoch wie die „Kettenglieder" gearbeitet.

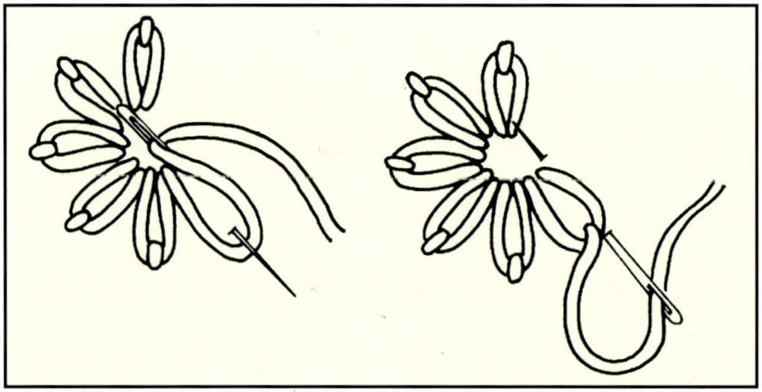

Blütenblätter aus Margeritenstich, im Zentrum Knötchenstiche

Sticharten mit Schlingen

Der Festonstich

Bei Schlingstichen findet zwischen dem Ein- und dem Ausstich eine Richtungsänderung, Verschlingung des Fadens statt. Dabei muß der Faden um die Nadel herumgeführt werden.
Schlingstiche werden für Zierlinien, als Verfestigung von ausgeschnittenen Stofffeldern und Löchern oder als Randabschluß genutzt. Von besonders praktischer Bedeutung ist der Knopfloch- oder Festonstich. Die Skizzen zeigen das Grundprinzip, sowie 4 Arten des Festonstiches. Ziel ist in den meisten Fällen neben einem Gewebeabschluß, das saubere Abschneiden des überstehenden Stoffes.

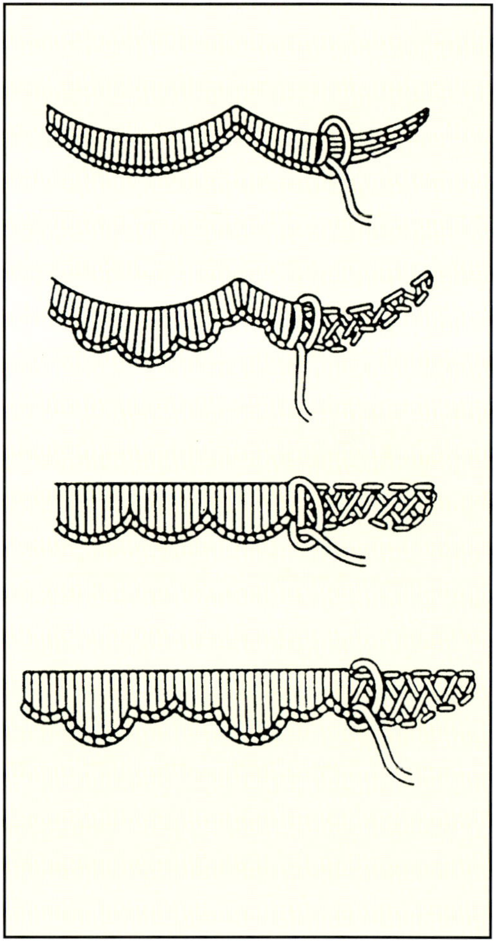

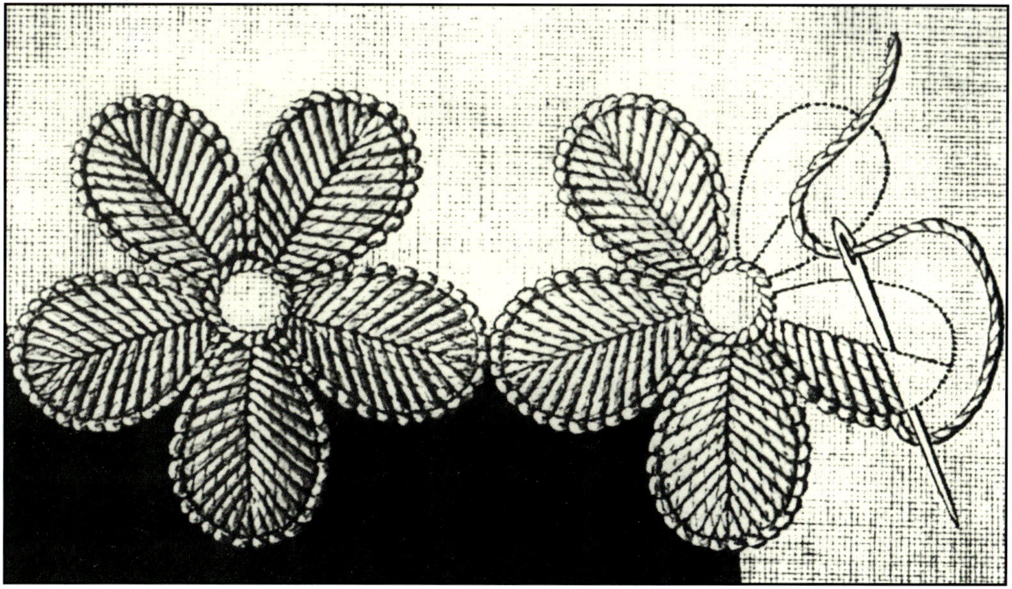

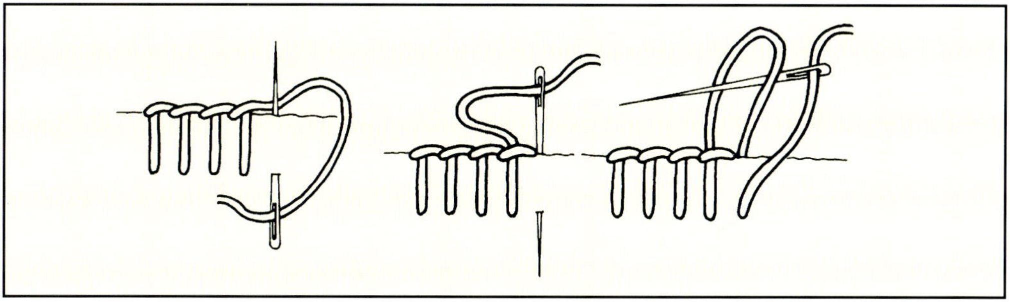

Der Knotenstich

Je nach ihrer Ausführung sind sie in der Handarbeitsliteratur als Ringel- oder Perlknötchen bekannt. Aus China stammend, wo diese Stichart häufig mit der Nadelmalerei in Seidenflachstich auftrat, ist sie vo rallem in der Rokokozeit in Europa bekannt geworden.

Diese Technik kann nur im Stickrahmen ausgeführt werden. Der mit der Nadel nach oben ausgetretene Faden, wird um die Nadel gewunden, worauf der Wiedereinstich an der gleichen Stelle des Ausstichs erfolgt. Bei einer nur einmaligen Umwindung der Nadel entsteht das Ringelknötchen, das nach nicht zu straffem Anziehen des Fadens weich auf dem Stickboden aufsitzt. Ratsam ist es, das Ringlein mit den Fingern nach unten herabzuschieben. Beim Perlknötchen umwindet man die Nadel zwei- bis dreimal bei sonst gleicher Arbeitsweise. Beide Knötchenarten werden hauptsächlich zur Füllung von Formen und Streueffekten aber auch zur Linienbildung und als Einzelpunkte z.B. bei Blüten und Zweigen benutzt. Jedes Knötchen bekommt seinen Halt im Stickboden nur durch ein nachfolgendes. Das erste wird mittels eines kleinen Festhaltestiches gesichert.

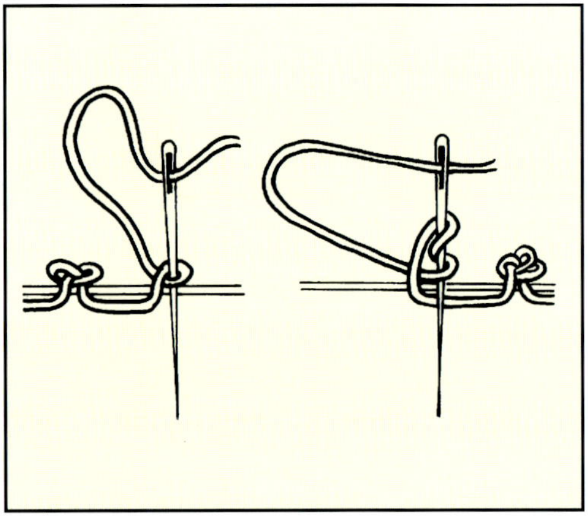

links: Ringelknötchenstich,
rechts: Perlknötchenstich

Stichart mit Einflechtungen

Der orientalische Flechtstich

Der orientalische Flechtstich bildet die einzige Stichart mit Einflechtungen und wird hauptsächlich zur Verzierung von Kleidungsstücken verwendet und kann sowohl motivgebunden als auch in linearer Weise gearbeitet werden. Das Stickgerüst besteht aus sich kreuzenden Spannstichen oder Kreuznahtstichen.

Die nebenstehenden Skizzen zeigen ein quadratisches Spannstichgerüst mit einer spiraligen Einflechtung. Diese führt über die Enden der sich kreuzenden Spannstiche, wo sie Halt findet.

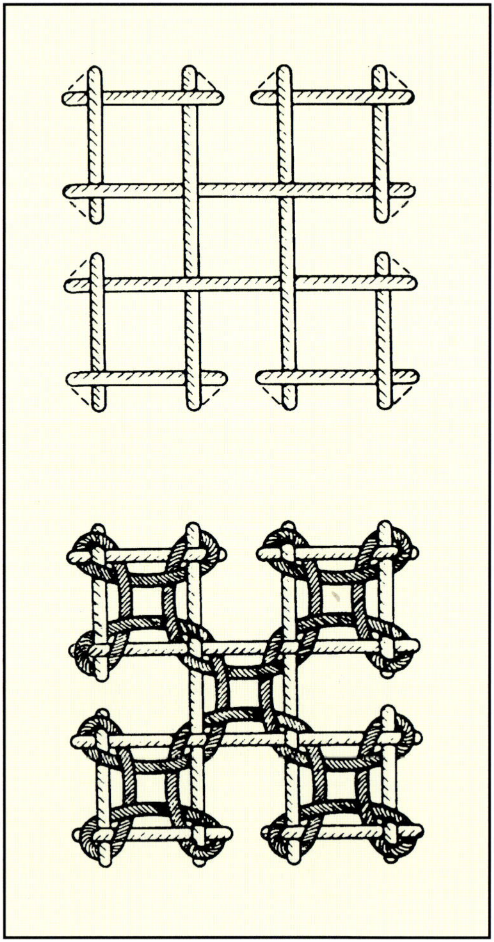

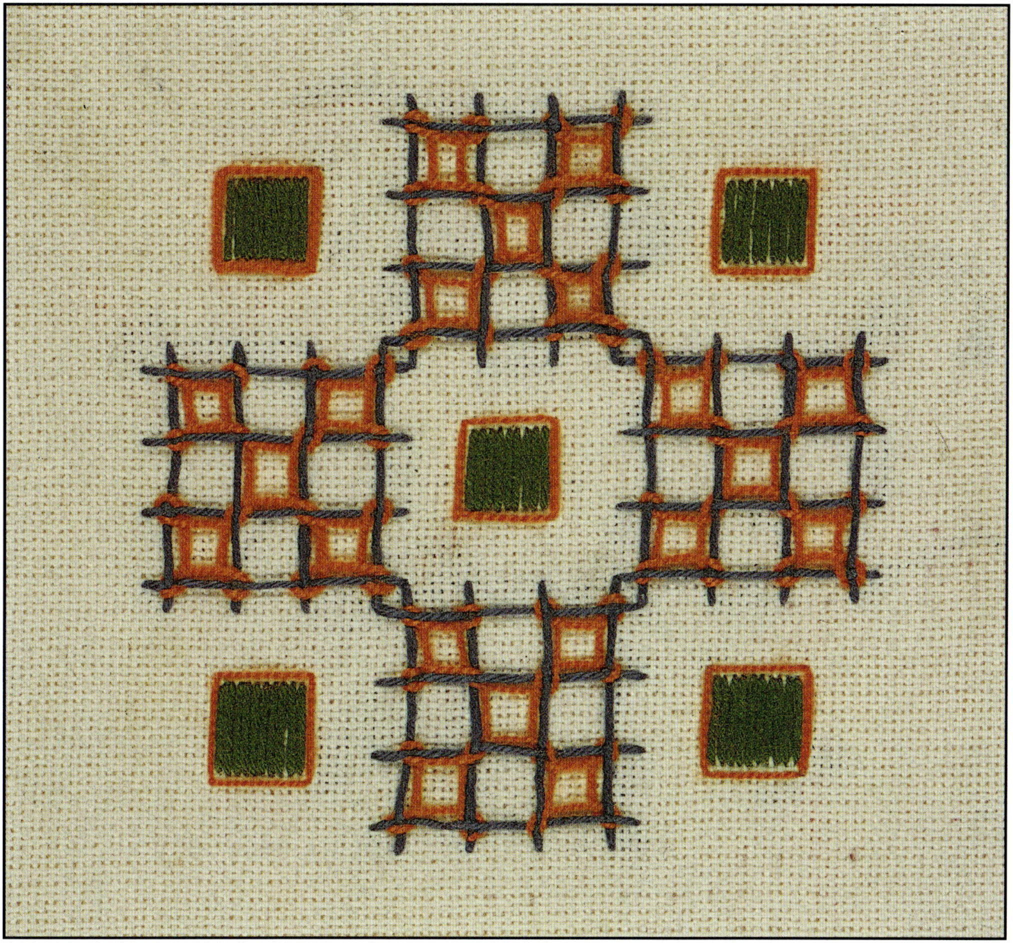

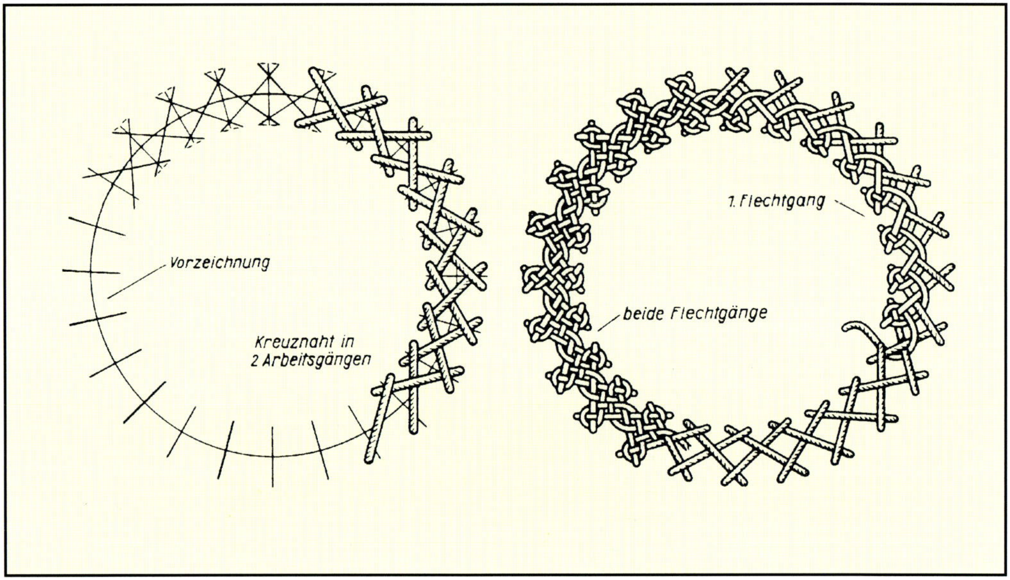

Die Skizzen oben zeigen die Arbeitsgänge bei den beliebten Kreisen im orientalischen Flechtstich. Die Einflechtung erfolgt in zwei Arbeitsgängen. Mit dem ersten werden die am äußeren Rand sich kreuzenden Stiche so umflochten, daß der Flechtfaden Halt am unterhalb liegenden Spannstich bekommt. Der nachfolgende Flechtgang umzieht in gleicher Weise den inneren Ring, wobei sich der Flechtfaden zwischen beiden Stichreihen in deren Lücken überschneidet.

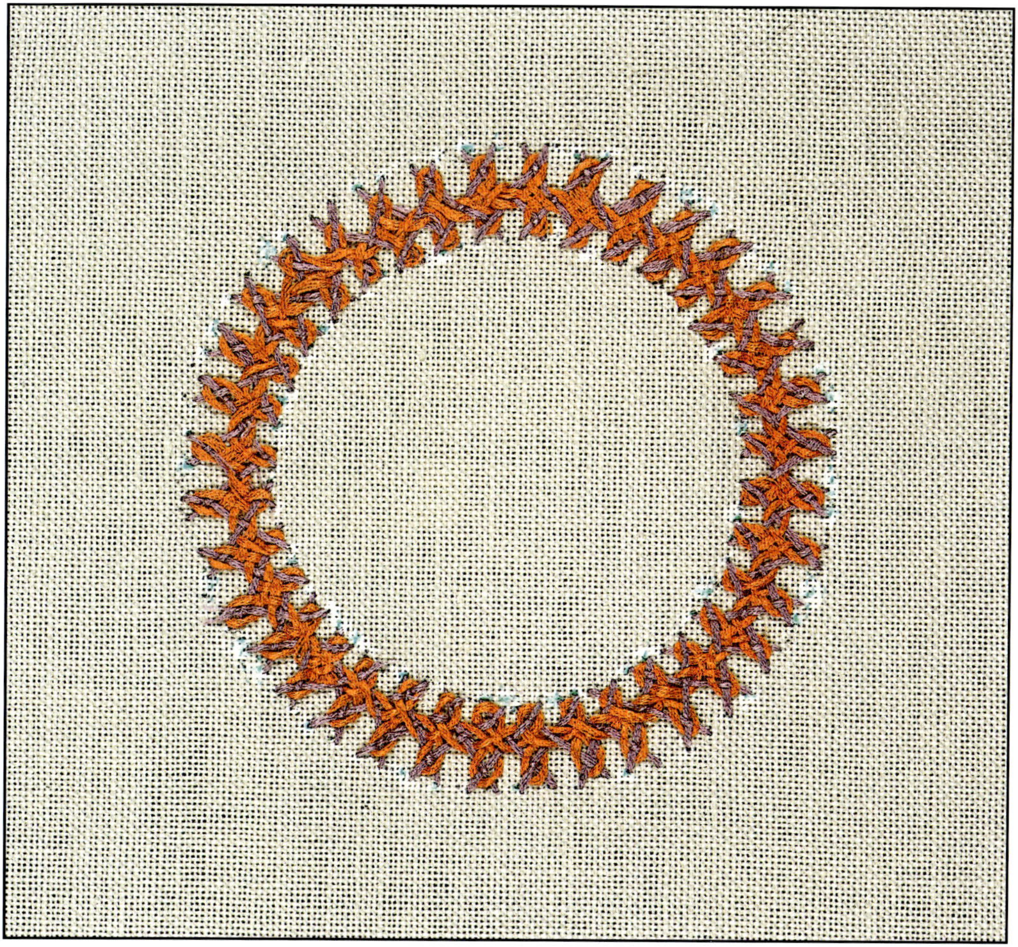